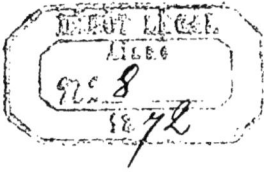

# SIX EXÉCUTIONS PRUSSIENNES.

SOISSONS. IMPRIMÉ CHEZ ED. LALLART, ÉDITEUR,
8, rue des Rats.

# SIX EXÉCUTIONS PRUSSIENNES

RACONTÉES PAR

## UN MAIRE DE CAMPAGNE

## Du Département de l'Aisne.

## 9, 10, 11 OCTOBRE 1870.

## PASLY. — VAUXREZIS. — VAUXBUIN.

## PRIX : 60 CENTIMES.

*(Au profit des Enfants des Victimes.)*

SOISSONS

IMPRIMERIE ET LITHOGRAPHIE DE ED. LALLART, ÉDITEUR,

Directeur du *Progrès de l'Aisne*,

8, RUE DES RATS, 8.

1872.

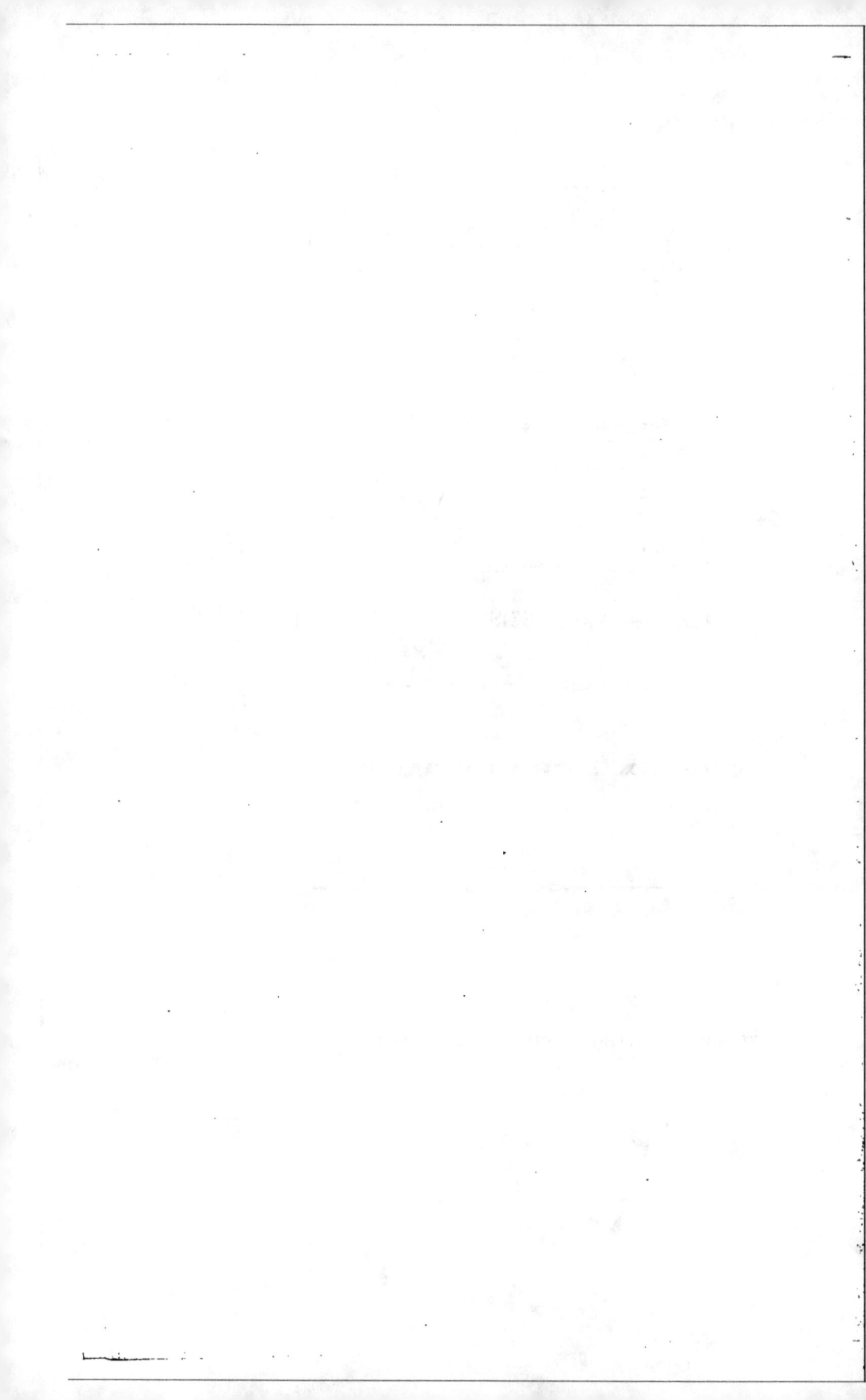

# AVANT-PROPOS.

Le Maire d'une commune qui a été occupée pendant cette monstrueuse guerre : 70-71..... doit au pays le récit fidèle des crimes et des exactions dont il a été le témoin. — Laisser ces actes s'éteindre dans l'oubli, ce serait commettre plus qu'une faute. — Les publier au contraire, c'est faciliter d'abord, les recherches de l'historien. — Comme première preuve, je citerai le patriotique et éloquent rapport fait au Conseil général de l'Aisne, par l'honorable M. Henri Martin.

Ce rapport si émouvant, dans lequel étaient consignés quelques faits communiqués à ce sujet, a provoqué spontanément : le vote de deux crédits, l'un de 300 francs en faveur de la souscription consacrée au monument que nous allons élever à la mémoire de nos deux chères victimes, l'autre de 200 francs pour une table commémorative, qui, placée dans l'intérieur de l'Ecole normale de Laon, rappellera sans cesse aux jeunes élèves, que trois braves instituteurs de leur département, ont été impitoyablement fusillés par l'ennemi.

Ces relations sincères feront connaître en outre, aux populations privilégiées...... (*celles qui n'ont jamais vu l'ombre d'un soldat allemand et sont restées paisiblement au coin de l'âtre*)..... toute l'étendue des souffrances endurées par leurs compatriotes des départements envahis.

Enseignement dont notre chère patrie profitera peut-être un jour, et qui stimulera, sans aucun doute, l'instinct national des générations futures.

Puissent ces quelques lignes, que je soumets aux lecteurs, atteindre ce double but, et décider mes collègues à rompre le silence.

J. D.

# SIX EXÉCUTIONS PRUSSIENNES

RACONTÉES PAR

## UN MAIRE DE CAMPAGNE

### Du Département de l'Aisne.

===

## 9, 10, 11 OCTOBRE 1870.

===

### PASLY. — VAUXREZIS. — VAUXBUIN.

~~~~~~~

### RAPPORT

*Sur les événements qui se sont passés du 8 au 16 octobre 1870,
dans les communes de Pasly et de Vauxrezis, faisant
partie toutes deux de l'arrondissement de Soissons (Aisne).*

—

Ces événements sont si étroitement liés entre eux que les
commissions municipales des deux communes ont décidé
qu'un seul rapport en serait fait par le maire de Pasly, qui
s'est trouvé témoin de tous les faits relatés plus bas.

En conséquence, je soussigné, Président de la Commission
municipale de Pasly, m'engage sur l'honneur à ne faire ici
qu'une scrupuleuse et véridique relation dégagée de toutes
réflexions personnelles, les faits, du reste, parlant d'eux-
mêmes et assez haut, pour se passer de tout commentaire.

Tous les ponts ayant été détruits dans les environs de
Soissons, l'ennemi fut obligé de rester pendant longtemps
sur la rive droite de l'Aisne ; un moment même, on put

supposer qu'il renonçait à investir complètement la place.

Cette espérance fut, hélas! de courte durée; les habitants de la rive droite qui se réjouissaient de n'avoir pas encore été inquiétés par les Prussiens, les virent apparaître le 8 octobre, et apporter sur la rive gauche, vis-à-vis de Pommiers, les matériaux nécessaires pour la construction d'un pont.

Le village de Pommiers, masqué par de grands bouquets d'arbres, situé à cinq kilomètres de la ville, était parfaitement choisi pour mettre en communication, avec toutes les communes de la rive droite, celles de Mercin et de Vauxbuin, qui se trouvent sur la rive gauche, et dans lesquelles les principaux chefs ennemis étaient cantonnés depuis plusieurs jours.

L'alarme se répandit aussitôt dans nos villages menacés. Sans perdre de temps, je courus chez le commandant de place pour lui signaler le danger et recevoir ses ordres. Il me conseilla d'encourager les gardes nationaux et de les décider à la résistance, car il fallait à tout prix s'opposer à la construction du pont.

Le commandant me promit quelques gardes nationaux mobiles, hommes déterminés, qui devaient nous seconder pendant la nuit du 8 au 9.

De retour à Pasly, je fis part de ces dispositions à Jules Debordeaux, instituteur de ma commune, jeune homme d'un grand mérite et d'un rare patriotisme; il avait accepté le grade de sergent-major dans notre compagnie, et se trouvait alors dépositaire des armes et des munitions; il se chargea d'avertir les gardes nationaux sur lesquels on pouvait absolument compter; il était toutefois expressément interdit à ces hommes d'entreprendre la moindre expédition sans le concours des troupes de la place.

Il est indispensable d'expliquer que mon habitation se trouve à plus d'un kilomètre du village, et que les soldats allant de Soissons à Pasly devaient nécessairement passer d'abord devant ma maison et m'emmener; nous aurions ensuite opéré notre jonction avec les gardes nationaux dans la commune même de Pasly.

Probablement, M. le commandant de place ne put tenir sa promesse, car personne ne nous fut envoyé. Je restai donc chez moi, bien convaincu que tout le monde en ferait autant et que notre petite troupe ne tenterait pas seule le périlleux coup de main. Il n'en fut pas ainsi, et, malheureusement, cette courageuse entreprise coûta la vie à six braves citoyens!... Voici ce qui s'était passé :

Dans la soirée du 8, quelques habitants de Pommiers fort effrayés, n'ayant reçu de la place aucune arme pour s'opposer au passage des Prussiens, vinrent, en toute hâte, demander du secours aux deux communes de Pasly et de Vauxrezis. Mon brave instituteur, poussé par son courage et son patriotisme, se mit de suite à la tête des gardes nationaux de bonne volonté, et partit avec eux. Depuis 11 heures, la petite troupe fit le coup de feu. La nuit était profonde, on tira comme on put, dans la direction des feux de l'ennemi. Les munitions, peu nombreuses, furent vite épuisées. Quand la dernière cartouche fut brûlée, chacun regagna sa demeure, n'ayant à déplorer aucun accident.

Les Prussiens ont prétendu qu'un des leurs avait été blessé. Rien n'est venu confirmer ce fait, qui a servi de prétexte à nos ennemis, dont le but était évidemment d'intimider et de terrifier les populations.

Malgré tout, un pont fut jeté, et le dimanche matin, 9 octobre, l'ennemi se précipita furieux dans la commune de Pommiers.

Le maire, l'instituteur, le curé même furent aussitôt arrêtés par les envahisseurs, qui enfoncèrent les portes et cherchèrent de tous côtés les armes et les munitions.

L'honorable maire de Pommiers fut exposé aux plus cruels traitements; on l'injuria, on le frappa, on l'empri-

sonna et on le menaça de le faire fusiller. Cette conduite
est d'autant plus barbare, que l'infortuné maire était resté
tout à fait étranger aux événements qui s'étaient passés la
veille, ce que le manque d'armes prouvait suffisamment.

Dans la même matinée, une centaine de Prussiens vinrent
occuper Pasly, ma commune; ils avaient à leur tête un colonel et son aide-de-camp. Je me trouvais alors avec Debordeaux devant la maison d'école. L'officier vint à nous :
« Vous êtes le maire? » me demanda-t-il. « Oui, monsieur.»
« Et vous, l'instituteur? » ajouta-t-il en s'adressant à mon
compagnon. « Oui, monsieur, » répondit simplement ce
dernier. Alors, sans autre forme de procès, sans aucune
provocation de la part du pauvre garçon, le colonel lui
appliqua deux vigoureux soufflets sur les joues, et s'écria :
« Allons, vite, je veux de suite la liste des gardes nationaux. »

Il est probable qu'exaspérés par une telle insulte, nous
ne pûmes réprimer des mouvements de colère, car aussitôt
deux révolvers furent dirigés sur nos poitrines. Je serrai la
main de mon malheureux ami, et je le priai d'aller chercher
la liste si brutalement réclamée.

Lorsque je fus seul avec le colonel, il me déclara que le
village serait incendié si l'on y découvrait des fusils. Je lui
fis comprendre (ce qu'il savait aussi bien que moi) que la
garde nationale était une institution régulière, qu'elle avait
été organisée, non par la République, comme il le préten-
dait, mais par le gouvernement déchu; qu'en conséquence,
les gardes nationaux avaient reçu des fusils, que ces fusils
lui seraient livrés dès qu'il l'exigerait, et j'ajoutai que l'at-
titude paisible des habitants devait les mettre à l'abri de
menaces qui n'auraient trouvé leur justification que dans
des tentatives hostiles de leur part. Il fut alors décidé qu'à
deux heures de l'après-midi, les Allemands procéderaient
à la saisie des armes de guerre et de chasse.

A l'heure indiquée, le même aide-de-camp revint accompagné d'un médecin ; ce dernier était un homme cruel, au visage livide et sauvage, au front bas, à la barbe épaisse et noire ; des lèvres fort minces et des yeux féroces complétaient dignement cette physionomie sinistre, dont je n'oublierai jamais la repoussante expression. Comme signe particulier, ce monstre avait une cicatrice verticale qui couvrait la pommette gauche.

Ces deux hommes, accompagnés d'une quinzaine de soldats, s'enfermèrent avec Debordeaux et moi dans la salle de la mairie, où les armes avaient été apportées. Le docteur nous accabla alors des injures les plus grossières.. Chaque fois que nous cherchions à répondre, il nous arrêtait invariablement en disant avec impatience : « Taisez-vous, je parle seul ici... »

Ces mots, prononcés d'une façon particulière, semblaient être un ordre donné aux soldats de l'escorte de croiser leurs baïonnettes sur nos poitrines, ordre promptement compris et aussi vite exécuté.

On fit sortir Debordeaux pour m'interroger ; je n'ai pas besoin de dire que la parole me fut de nouveau refusée, et que les injures les plus abominables me furent prodiguées ainsi qu'à tous mes *lâches* compatriotes!... J'étais fou de colère ; je crus un instant que le misérable allait me frapper ; c'eût été ma perte, car, prévoyant l'attaque, je me préparais à la repousser, et une fois aux prises avec lui, j'eusse été certainement assassiné par ses soldats. Enfin, on fit rentrer Debordeaux, et, en même temps, je reçus l'ordre d'aller réquérir une charrette pour enlever les fusils. Je revins en toute hâte, me doutant bien des tortures que devait endurer mon instituteur. En effet, pendant mon absence, le digne garçon avait été battu, martyrisé au point que, ne pouvant plus maîtriser sa colère, il se serait fait tuer bien certainement, si mon absence s'était prolongée de quelques minutes. Cette manière de procéder paraîtra plus inexplicable et plus odieuse encore, quand on saura que nous n'avions fait aucune résistance, et qu'à ce moment nos bourreaux ignoraient complétement quelle part plusieurs habitants de ma commune avaient prise à l'affaire de Pommiers.

La journée du lendemain (lundi 10 octobre) devait être, hélas ! plus tristement remplie d'événements. Les habitants de Pommiers, pressés de questions, menacés, torturés, n'eurent pas l'heureuse idée de déclarer, comme le fit le maire, que la place de Soissons avait envoyé des troupes régulières qui avaient agi dans la nuit du 8, et avaient seules tiré sur les travailleurs ennemis. Rien pourtant n'était plus simple qu'une semblable déposition, puisque les perquisitions n'avaient amené la saisie d'aucune arme de guerre, ce qui prouvait suffisamment que les gardes nationaux n'avaient pas été armés. Au lieu de garder le silence, deux habitants de Pommiers eurent le triste courage de dénoncer, comme coupables de résistance, les deux communes de Pasly et de Vauxrezis ; ils citèrent même les noms de plusieurs *rebelles*, entre autres celui de notre instituteur.

Le lundi, vers deux heures, les Prussiens, au nombre de deux cents environ, vinrent envahir une seconde fois ma commune ; on m'envoya chercher en toute hâte par le fils de mon adjoint, qui ne me dissimula point la grandeur du danger. Je pouvais fuir très-facilement ; mais, en fuyant, j'aurais compromis et exposé à ma place mon honorable et excellent adjoint, père d'une nombreuse famille, j'aurais abandonné aux Allemands mon malheureux village, qui eût été certainement livré aux flammes. Mon devoir m'ordonnait de rester au milieu de mes compatriotes ; je me rendis donc dans ma commune, tout plein d'émotions et de tristes appréhensions.

En arrivant, je trouvai une grande partie des habitants réunis ; au milieu d'un groupe de soldats ennemis, se trouvaient cinq hommes dont trois habitants de Pommiers et deux de ma commune : ces derniers étaient Courcy et Jules Debordeaux.

Le beau visage de mon instituteur était déjà fort altéré : son teint était devenu livide, ses yeux s'étaient enfoncés dans leurs orbites, et son regard si franc et si doux autrefois était presque éteint et se dirigeait sur moi avec une fixité étrange qui me serrait le cœur ; le pauvre enfant semblait m'implorer. Je devinai de suite la gravité de la situation, et je faillis m'évanouir lorsqu'un officier m'apprit avec une joie féroce que ces deux hommes de ma commune allaient mourir. Mes protestations ne furent pas écoutées ; je demandai une enquête, on me répondit avec mépris que j'étais responsable des actes de mes administrés, et que, comme eux, je serais fusillé, si je ne dénonçais sur-le-champ les autres coupables qui devaient être au nombre de vingt au moins. Ces menaces ne produisant aucun résultat, on questionna devant moi deux des témoins amenés de Pommiers, les nommés Arthur Arnault et Leclère ; et on leur demanda si, dans la nuit du 8 au 9 octobre, ils avaient réellement vu Debordeaux, Courcy et le sieur Planchard (qu'on n'avait pu saisir) s'embusquer et tirer sur les Prussiens.

Pour la seconde fois, hélas ! ils répondirent sans hésiter et affirmèrent qu'ils ne se trompaient pas. « Et moi, m'écriai-je alors, m'avez-vous vu misérables ? » — « Non, » dit l'un d'eux... C'était fini ; le sort de Debordeaux et de Courcy était décidé !...

La troupe se sépara en deux colonnes, l'une se dirigea vers les hauteurs de Pasly, entraînant les condamnés ; l'autre reprit, avec les témoins et moi, le chemin de Pommiers.

Un quart d'heure après, nous entendions trois détonations...

Voici comment l'exécution de ces victimes nous a été racontée par deux hommes qui travaillaient dans les champs tout près de l'endroit où elle a pris place...

On avait attaché ces malheureux sans écouter leurs supplications; en vain, ils avaient réclamé des juges; en vain, ils avaient demandé grâce au nom de leurs familles. Quand ils eurent gravi la colline, on leur banda les yeux, puis l'on donna sans pitié le signal qui devait les faire fusiller.

Ces bourreaux manquèrent deux fois le pauvre Debordeaux, qui, deux fois, se releva en poussant des cris épouvantables; alors, l'officier se décida à mettre fin à cette horrible agonie, il déchargea son révolver dans l'oreille de la victime.

Ainsi se termina cet affreux drame; les soldats allemands s'acheminèrent tranquillement vers Cuffies, laissant les deux cadavres sans sépulture, abandonnés comme des chiens.

Pendant ce temps, nous marchions vers Pommiers et je me demandais si mon dernier moment n'était pas venu. En arrivant dans le village, je fus enfermé dans une maison et, après quelques heures d'attente, je vis venir un commandant escorté d'une cinquantaine d'hommes; il m'emmena à Mercin sans proférer une parole, mais il eut soin de tenir son révolver constamment tourné de mon côté.

J'avais déjà été interrogé à Pommiers par un petit officier, le commandant me fit de nouveau les mêmes questions, dès que nous fûmes chez lui; il m'apprit avec une joie visible que Debordeaux et un autre avaient été fusillés; il m'annonça aussi qu'il venait de visiter mon domicile, et menaça de tuer les miens, de piller et d'incendier ma maison, si je tentais de m'échapper. Il poussa si loin l'épreuve, que, ne pouvant croire à l'exécution sans jugement des deux citoyens arrêtés, je m'imaginai que le commandant me tendait un piége pour m'intimider et me faire parler. Voyant enfin qu'il n'obtiendrait pas plus de révélations que ses devanciers, cet officier me fit conduire chez mon collègue, prisonnier lui-même dans ses propres murs.

A 9 heures, épuisé de fatigue, je venais de me coucher, lorsqu'une nouvelle compagnie, commandée par un officier, me fit lever et me reconduisit à Pasly, en retraversant Pommiers.

On m'avait placé au centre de la colonne qui marchait sur deux rangs, en ayant soin d'éviter les routes ordinaires : nous allions à travers champs. Le trajet fut épouvantable pour moi; la nuit était profonde, une pluie glaciale tombait sans relâche, le sol était fort glissant; à tout moment, je rencontrais des obstacles et je trébuchais; or, à chaque faux pas, je recevais non-seulement des injures, mais de grands coups de poings, quelque fois même de formidables coups sur la tête. Les hommes qui me suivaient me frappaient sur les jambes, ceux qui me précédaient laissaient retomber leurs fusils en arrière, ce qui m'exposait à recevoir de graves blessures qu'on n'eût pas manqué de trouver fâcheuses, mais qu'aurait certainement fait excuser la difficulté de la marche dans les sentiers détrempés.

Je crois inutile d'entrer dans de plus longs détails sur les lâchetés que je fus forcé d'endurer pendant cet interminable trajet de trois ou quatre kilomètres.

J'étais à bout de force, lorsqu'on fit halte à l'entrée de mon village. L'officier me demanda; je ne pus retenir mon indignation, et je l'informai des ignobles traitements auxquels j'avais été soumis; il adressa à ses hommes quelques reproches bien peu sentis, mais que, cependant, je devais payer plus tard. Enfin, les perquisitions commencèrent.

Voici comment procédèrent ces messieurs, évidemment fort exercés à ce genre d'opérations : sans prononcer une parole, la moitié des hommes entouraient la maison désignée, les autres se postaient aux portes, aux fenêtres, à toutes les issues faciles à escalader; tous les ordres se transmettaient dans le plus profond silence et au moyen de petits coups de sifflets...

Huit ou dix soldats restèrent auprès de moi.

Lorsqu'enfin toutes les dispositions étaient prises, un coup significatif du sifflet de l'officier servait de signal; alors tous

les soldats embusqués se précipitaient ; les portes les fenêtres, les vitres, tout volait en éclats ; vingt lumières appa-
raissaient simultanément à l'intérieur. Pendant que cinq ou
six hommes, sous les ordres du chef cherchaient le gibier
humain, tous les autres brisaient les meubles, dévalisaient
les armoires, s'emparaient des bouteilles qui entre leurs
mains étaient bientôt vides.

Mes gardiens eurent aussi leur part qu'on vint leur apporter ; ce petit corps de réserve avait de plus une importante
mission, celle de recueillir tout le butin. J'ai pu me convaincre d'un fait très-curieux ; avant le départ ces messieurs
avaient certainement vidé leurs havresacs, car ce qu'ils ont
enfoui dedans, ainsi que dans les petits sacs en toile grise,
qu'ils portent au côté gauche, est incalculable... linge,
bouteilles, etc. Tout y a si bien passé qu'au retour chaque
homme était plus que surchargé, je vous le jure. Beaucoup
d'entre eux avaient en outre caché sous leurs plastrons ce
que leurs sacs n'avaient pu contenir ; enfin, de gros paquets
habilement faits avaient été confiés aux hommes d'arrière-
garde qui les portèrent, à tour de rôle, jusqu'au bout du
trajet. — Bien entendu le pillage s'était renouvelé à chaque
maison, dans les mêmes conditions, c'est pourquoi je n'insisterai pas davantage sur ces détails qu'il était bon, je crois,
de signaler.

A ce sujet, je me propose de répondre à la fin de ce récit
à monsieur Wolheim de Fonséca, rédacteur du *Moniteur
officiel* prussien, qui met en doute la possibilité de faits ana-
logues précédemment racontés. — Je poursuis.

Dès les premières perquisitions, je compris que le danger
s'aggravait pour moi.

Les habitants, témoins des arrestations opérées dans la
journée, et de l'exécution de deux hommes respectables de
leur commune, ne se trouvèrent plus en sûreté chez eux, et
la plupart, saisis d'une frayeur bien justifiée, avaient abandonné leurs habitations ; seuls, quelques vieillards et plu-

sieurs femmes étaient restés au logis. Aussi, après chaque perquisition, l'officier, furieux, venait vers moi et me disait : « Vous voyez bien qu'ils sont coupables puisqu'ils ont pris la fuite ; si vous ne dénoncez immédiatement leur retraite, que vous devez connaître, vous serez fusillé à leur place. » Cette menace peu équivoque me fut, hélas ! répétée bien des fois.

A mesure que les pillages se renouvelaient, les soldats devenaient de plus en plus ivres et de plus en plus méchants ; entraînés surtout par l'exemple de leur chef, ils me traitaient brutalement, m'injuriaient et me crachaient au visage. Ma torture était insupportable ; heureusement, Dieu eut pitié de moi ; vers minuit, l'officier, fatigué de ne trouver personne, laissa ses hommes continuer seuls l'œuvre qu'ils avaient commencée, et vint s'asseoir sur une borne, près de moi. Je lui parlai longuement de Berlin (justement sa ville natale) que je connais fort bien : ce fut une heureuse inspiration, car ma situation s'améliora aussitôt, et cet officier me fit rester auprès de lui. Malgré ce changement favorable, je frémissais en pensant que la moitié du pays restait encore à explorer.

Tout à coup, le chef allemand me dit : « Conduisez-moi chez Planchard. » Je fus soulagé en recevant cet ordre ; nous allions quitter le village pour nous rendre dans les carrières où se trouvent seulement trois ou quatre habitations, entre autres celle de M. Planchard. Cette dernière avait assurément été visitée avant notre arrivée, car tout y était brisé. — A peine étions-nous dans cette maison, qu'on amena la femme Planchard, trouvée dans je ne sais quelle cachette : l'officier alla vers elle, l'interrogea, puis l'abandonna, sans plus s'en occuper ; par un hasard providentiel, il avait oublié de me confronter avec elle.

« Maintenant, conduisez-moi à Vauxrezis, » ajouta-t-il...

Je respirai, car une seule habitation,... la grande ferme du mont de Pasly, était encore exposée à recevoir l'horrible

visite ; mais en faisant prendre, à la faveur de la nuit, des sentiers détournés que je connaissais parfaitement, j'espérais qu'il me serait possible de la dissimuler aux regards de mes gardiens.

Il n'en fut pas ainsi, malheureusement.

L'officier, en fin limier, se dirigea vers la ferme sans m'interroger, et, cette fois, frappa simplement à la porte. Dès qu'elle fut ouverte, les soldats se précipitèrent dans toutes les chambres, et pillèrent comme précédemment.

Personne n'avait quitté la ferme ; les femmes, les enfants, les vieillards étaient terrifiés ; les soldats ivres ne respectaient plus les femmes, et se livraient à d'épouvantables attouchements ; les malheureuses pleuraient, criaient, suppliaient ; la confusion était horrible, le spectacle était navrant.

Le chef de la maison reçut l'ordre de s'habiller promptement et de se constituer prisonnier, ce qu'il fit, bien entendu. En même temps, à l'étage supérieur, les Allemands, sous prétexte de chercher les armes, brisaient la caisse d'un pauvre berger, et enlevaient le linge et les effets qu'elle contenait.

Un tout jeune et charmant garçon fut amené.

« Ton nom ? » lui demanda l'officier. — « Un tel. » — « Ton âge ? » — « Dix-sept ans. » — « Alors, tu es de la mobile ? » — « Non, monsieur. » — « Tu n'es pas de la mobile ?... V'lan ! V'lan !.. » Deux soufflets terribles tombèrent sur les joues du pauvre enfant. « Qu'on l'attache ! » Cet ordre fut donné et exécuté malgré les larmes et les prières de deux charmantes demoiselles, sœurs de la victime.

Un autre jeune homme fut amené aussitôt après, un pauvre garçon d'écurie, maigre, délicat, faible.

« Quel est ton nom ? » — « Un tel. » — « Et ton âge ? » — « Vingt-deux ans. » — « Alors, tu fais partie de la mobile ? » — Non, monsieur, j'ai été réformé comme étant de faible constitution. » Tu as vingt-deux ans, et tu n'es pas mobile? V'lan! V'lan! Qu'on l'attache! » Ordre accompagné de deux autres formidables coups lancés sur la tête du pauvre diable. Pendant que ce malheureux garçon était ainsi traité, des misérables insultaient sa jeune femme, dans un état de grossesse très-avancée, et enlevaient sa montre suspendue à côté de son lit.

Nous partîmes ensuite pour Vauxrezis avec les trois nouveaux prisonniers; à deux heures et demie, nous arrivions aux premières maisons du village. L'officier désigna huit hommes pour surveiller les deux jeunes gens et moi; ceux-là, garrottés et à peine vêtus, mouraient de froid (ils n'avaient sur le corps qu'un pantalon de toile, une blouse et une chemise).

Le chef de la ferme fut conduit dans la maison commune; en cela, il fut plus heureux que nous qui devions rester à la même place, pendant six heures, en plein air, et par un temps glacial. Pendant que nous nous morfondions ainsi, nous entendîmes tout à coup des cris déchirants qui partaient d'une maison voisine : « Ah! quel malheur!... Ah! les voleurs!... Ah! les brigands!... » disait le supplicié. Puis la voix rude de l'officier se mêla à ces plaintes : « Tais-toi! tais-toi donc! te tairas-tu, chien?... » Mais les cris redoublèrent, et en même temps un coup de feu partit!... Des gémissements arrachés par une horrible douleur succédèrent à ce bruit, puis un second coup de feu qui changea les gémissements en soupîrs étouffés, puis, enfin, un troisième coup de feu suivi du silence de la mort!...

Nous étions consternés; nos gardiens se réjouissaient; à chaque nouvelle explosion, ils se frottaient les mains avec un air de satisfaction et poussaient des exclamations dont le sens n'était pas douteux.

Voici ce qui s'était passé dans la maison :

Les soldats procédant toujours de la même manière avaient pénétré dans l'unique chambre qui servait de domicile à deux jeunes ouvriers, les époux Odot ; l'avant-veille, ces infortunés avaient reçu le salaire de leur travail qui s'élevait à cinquante-trois francs. Cette somme se trouvait malheureusement dans la robe de la femme qui, pour se soustraire aux mauvais traitements des Allemands, s'empressa de sauter en bas du lit et de saisir un vêtement pour se couvrir, avant que ces hommes aient pénétré chez elle. Dans sa hâte, elle fit résonner les pièces de monnaie et excita la convoitise des forcenés qui avaient réussi à enfoncer la porte et qui se précipitèrent sur son mari et sur elle, cherchant à s'emparer de la poche remplie d'argent. De là, les cris du pauvre Odot, cris étouffés par les trois coups de feu qui nous avaient frappés de stupeur. Quand on releva la victime, on reconnut que le corps était atteint de trois balles, que l'une des cuisses était traversée par un coup de baïonnette, que l'épaule gauche était déboîtée, et que l'avant-bras droit était cassé...

Il est inutile, je crois, de dire que le pauvre diable avait été de suite saisi par plusieurs hommes, et qu'il n'avait pu opposer aucune résistance...

Pourtant, l'officier me fit plus tard l'honneur de m'expliquer qu'on avait été forcé d'en arriver à cette *extrémité fâcheuse*, parce que ce garçon avait cherché non-seulement à résister, mais à s'emparer du fusil de l'un des soldats.

Il est permis de demander comment un homme déjà faible, qui se trouve surpris dans son lit par une vingtaine de soldats armés, est capable d'opposer à ses agresseurs une résistance assez sérieuse, pour qu'ils soient dans la cruelle nécessité de lui donner la mort.

On est également en droit de supposer que le bruit fait par ces jeunes époux, surpris chez eux, dérangeait le plan de messieurs les Prussiens, que les cris poussés par le mari avertissaient les voisins du danger qui les menaçait, et les décidaient à fuir avant qu'on eut le temps de les prendre et de les emmener prisonniers. Seulement, et ce qui dut être cruel, les 53 francs ne purent changer de propriétaires.

Au bruit des coups de feu, les soldats crurent prudent, sans doute, de rejoindre leurs camarades, et abandonnèrent la pauvre madame Odot; cette circonstance mit la faible somme dans l'impossibilité d'aller tenir compagnie à la montre du pauvre garçon qui se morfondait à mes côtés.

Vous vous rappelez qu'à deux heures et demie, on nous avait laissés (les deux jeunes gens et moi) à l'entrée du village, le long d'un grand mur exposé au nord, et par un froid terrible; pour comble de malheur, une gelée blanche couvrit la terre dès quatre heures du matin. — Nos tendres gardiens, qui ne nous accordaient que quelques mètres carrés pour nous promener, avaient eu la précaution de faire ouvrir la maison devant laquelle nous nous trouvions, et d'exiger un bon feu et du café; ces messieurs allaient deux par deux à l'intérieur reprendre des forces et de la chaleur. — J'eus la lâcheté de réclamer (par signe, puisque les Prussiens ne pouvaient me comprendre autrement) la même faveur pour mes deux compagnons et pour moi... « Nix,... nix... Vous ici ! » me fut-il ironiquement répondu.

Ici, vient se placer un ignoble détail que je devrais peut-être passer,... mais je ne puis résister au désir de le relater; il est trop profondément cruel et peint trop bien l'élévation des sentiments dont était animée la bande qui nous surveillait. Quand nos gardiens eurent bien mangé, bien bu, bien joui du bon feu qu'ils avaient fait allumer, ils voulurent nous torturer un peu, et leur imagination ne leur suggéra rien de plus fort, que ceci : ils se mirent sans honte et sans pudeur à trois pas de nous, et satisfirent en notre présence à la plus triste nécessité humaine : les grimaces que nous faisait faire la plus dégoûtante odeur, les faisaient rire à se tordre : ils paraissaient enchantés et ravis.

Pendant plus de quatre heures, ils nous imposèrent cet ignoble supplice, car c'est à huit heures et demie seulement qu'on nous conduisit à la mairie; nous étions alors complètement anéantis, morts de froid, brisés par la fatigue, abrutis par le dégoût.

Dans la maison commune, nous trouvâmes plusieurs officiers et sous-officiers arrivés de Vauxbuin pour recueillir les dépositions de leur collègue, et pour procéder au premier interrogatoire des prisonniers.

En passant dans la cour, j'avais vu l'instituteur et deux autres hommes attachés comme les plus vils criminels ; dans la salle de l'école, je trouvai trente ou trente-cinq braves paysans que les soldats raillaient brutalement, qu'on fouillait insolemment, sous le prétexte absurde de leur enlever leurs armes et leurs couteaux.

La pauvre jeune femme de l'instituteur, en dépit de son chagrin et de sa douleur, reçut l'ordre de préparer à déjeuner pour trois chefs ; elle exécuta cet ordre avec empressement, dans l'espoir d'adoucir la situation de son infortuné mari ; elle alla même chercher dans le pays quatre bouteilles d'un vin meilleur que celui qu'elle possédait. On but une seule de ces quatre bouteilles ; les trois autres furent emportées par ces messieurs ; je puis affirmer ce trait de rapacité, car j'ai été *invité* à déposer les trois bouteilles pleines dans la voiture qui devait nous emmener.

Comme j'étais au secret, les officiers m'avaient engagé à partager ce douloureux repas.

Vers dix heures, on entassa tous mes compagnons d'infortune dans des charrettes, et le triste cortége se mit en marche sous les yeux des femmes et des enfants qui fondaient en larmes.

Le 11 octobre, à onze heures et demie, nous arrivâmes au château de Vauxbuin, où se trouvaient déjà le curé, le maire et le chef de la garde nationale de Pommiers. On me fit monter dans une pièce consacrée à l'administration et voisine du salon qui allait servir de salle de séance au conseil de guerre. Le curé de Pommiers y était avant moi, mais nous fûmes surveillés de très-près, et ne pûmes échanger une parole.

A midi, tous les prisonniers furent introduits dans la salle du conseil; là, un *gros bonnet*, le révolver au poing, nous adressa, dans un langage peu choisi, les paroles les moins gracieuses. L'appareil militaire déployé en cette circonstance était d'un grotesque hideux, en présence surtout de malheureux paysans consternés qui contrastaient tristement avec cette mise en scène pleine de soldats, de sabres dégaînés, de révolvers probablement chargés jusqu'à la gueule, de chefs grotesques transformés en juges cruels, comme s'il s'agissait vraiment d'une noire conspiration et de profonds politiques.

Après le discours du grand maître des cérémonies, on fit retirer tout le monde, à l'exception des trois malheureux que j'avais vus dans la cour de la mairie de Vauxrezis.

On enferma de nouveau M. le curé et moi dans le bureau voisin; mais voici ce que l'on fit des autres prisonniers.

Devant le château, se trouve une grande pelouse; ce jour-là, le sol était fortement imbibé par la pluie tombée la nuit précédente; on força tous ces malheureux à se coucher à plat-ventre sur l'herbe, les bras croisés sous le visage, les jambes allongées, et, derrière chacun d'eux, on plaça un soldat qui, au moindre mouvement assénait au *coupable* un violent coup de pied, ou un coup de crosse.

Ce supplice barbare dura cinq heures... Oui, oui, lisez bien, cinq heures! — Que le conseil avait employées à fumer, à boire, et peut-être aussi à délibérer!... Mais cette délibération n'a pu demander grand temps, puisque la résolution de tuer était si bien arrêtée, dans l'esprit de ces illustres juges, qu'au moment même où le conseil entrait en séance, des hommes recevaient l'ordre de creuser les trois fosses.

L'arrêt rendu, le colonel vint trouver monsieur le curé, et lui dit : « Trois hommes de votre religion vont être fusillés, combien vous faut-il de temps pour les préparer à la mort?... » L'excellent prêtre, tout tremblant, implora la clémence de cet homme qui ne lui répondit même pas et se contenta de hausser les épaules, en répétant impérieusement : « Combien vous faut-il de temps ? » — « Je n'aurai pas de de trop d'un quart-d'heure pour chaque homme, » répondit le curé... — « Un quart-d'heure !... Allons donc !... Je vous accorde cinq minutes pour les trois ! »

Puis, se tournant de mon côté, le colonel ajouta : « Je regrette, monsieur le curé, de ne pouvoir vous rendre aujourd'hui même votre liberté, mais demain le conseil se réunira de nouveau, et sans doute nous aurons encore besoin de votre ministère... » J'avais donc peu d'espoir de sortir vivant de cette épouvantable affaire.

Bientôt les trois condamnés apparurent au milieu d'une escorte qui restait indifférente ; les malheureux fondaient en larmes et se soutenaient à peine ; aussi tremblant qu'eux, M. le curé les suivit.

A mon tour, je ne pus retenir mes larmes et me mis à prier !... Quelques instants après, on entendit un feu de peloton, puis un second, puis un troisième, puis un quatrième...

Comme l'infortuné Jules Debordeaux, l'une des victimes avait été manquée.

Autour des trois fosses creusées à l'avance, on avait amené, au moment de l'exécution, tous les autres prisonniers.

Quand les trois condamnés furent exécutés, on ordonna aux témoins de descendre les cadavres, et de les recouvrir de terre qu'ils durent ensuite piétiner avec soin.

Deux de ces hommes avaient, m'a-t on dit, pris les armes dans la nuit du 8, mais le seul crime reproché au pauvre instituteur était d'avoir laissé prendre les fusils dont on le croyait dépositaire, et surtout d'avoir refusé de livrer aux Prussiens la liste des gardes nationaux de la commune.

Par malheur, un homme (qu'il ne m'appartient pas de nommer, la justice étant, à la requête des familles intéressées, saisie de cette douloureuse affaire) avait un duplicata de cette liste, et, moins scrupuleux que celui qui venait de succomber, n'avait pas hésité... dit-on... à la livrer à nos ennemis.

Voilà les faits, tels qu'ils se sont passés.

Cet horrible drame s'arrêta là ; car le lendemain, 12 octobre, commençait le bombardement... non, pardon... l'incendie de Soissons... Et cette distraction nous fit négliger.

Le dimanche 16, après la capitulation, on nous rendit à la liberté, mais dans quel état !

Dix hommes avaient été enfermés dans l'une des petites tourelles qui ornent la grille du château, et qui, à l'intérieur, ne mesurent pas plus de deux mètres et demi de diamètre.

Sept autres prisonniers étaient restés dans la seconde tourelle ; tous les autres, enfin, avaient été jetés dans une des caves de l'habitation, où ces malheureux avaient reçu à peine de quoi ne pas mourir de faim ; aussi étaient-ils effrayants à voir, lorsqu'ils sortirent de cette horrible prison.

Mais ce que l'histoire hésitera à enregistrer, ce que les gens de cœur se refuseront peut-être à admettre, et qui est cependant la plus scrupuleuse des vérités, c'est que, à l'heure même où tant de malheureux souffraient, à l'heure où l'on jugeait, au moment où l'on fusillait trois hommes qui n'avaient commis d'autre crime que celui de défendre leur patrie.

Messieurs les Prussiens commettaient ces massacres à l'ombre du drapeau de l'ambulance placé *par eux* sur les toits du château, et pourtant, celui-ci ne renfermait aucun blessé, l'ambulance véritable étant à Venizel, distant de sept à huit kilomètres de ce lieu de supplice.

JULIEN DESCHAMPS.

Nous espérons que le lecteur nous saura gré de remettre sous ses yeux les fragments ci-dessous, empruntés au patriotique rapport de M. Henri Martin, notamment toute la dernière partie de ce rapport, dans laquelle est racontée d'une façon si navrante l'horrible fin d'un troisième instituteur, fusillé par nos ennemis dans notre département... Nous reproduisons donc textuellement les paroles de l'honorable rapporteur :

« Messieurs,

« M. le président du Conseil général a reçu de M. le maire de Pasly (arrondissement de Soissons), une lettre exposant que six gardes nationaux ont été fusillés par l'ennemi, les 10 et 11 octobre 1870, et que parmi ces victimes figurait l'instituteur de Pasly, M. Jules Debordeaux, jeune homme distingué et d'un rare courage.

« M. le maire de Pasly a ouvert une souscription afin de protester contre cet acte de barbarie et d'élever un monument à la mémoire de ces citoyens mis à mort, contre le droit des gens, pour avoir défendu leur patrie.

« Il prie le conseil général de vouloir bien donner un caractère solennel à cette légitime réparation en s'y associant.

« La commission d'instruction publique propose de voter une somme de trois cents francs pour contribuer au monument consacré à l'instituteur de Pasly et à ses compagnons de martyre.

« La commission d'instruction publique estime que ce n'est point assez : qu'il y a quelque chose de plus à faire pour honorer la mémoire des victimes, perpétuer le souvenir des calamités qui ont frappé notre pays, et protester contre des meurtres qui déshonorent la civilisation et l'humanité.

« Voici, d'après les renseignements les plus authentiques, le résumé des faits, etc., etc... »

Vient se placer ici un éloquent résumé des événements

qui font l'objet du rapport qui précède, à la suite duquel
M. Henri Martin, arrivant à la mort du troisième instituteur, s'exprime ainsi :

« Une troisième victime a été immolée parmi les instituteurs du département de l'Aisne, M. Leroy, instituteur à
Vendières, arrondissement de Château-Thierry.

« Des francs-tireurs ayant, le 11 janvier 1871, pris des
vivandiers allemands, hommes et femmes, aux environs de
Viels-Maisons ; ces prisonniers s'échappèrent, et les deux
femmes qui étaient du nombre portèrent plainte pour des
outrages qu'elles auraient subis. Un détachement wurtem-
bourgeois envahit le village de Vendières, pour y rechercher
les auteurs de cette attaque ; les ennemis arrêtèrent sept personnes, entre autres l'instituteur, que les cantinières alle-
mandes prétendirent reconnaître à cause de sa ressemblance
avec un des francs-tireurs.

« M. Leroy fut amené à Châlons avec plusieurs autres
personnes des deux sexes, les ennemis ayant arrêté, sans
aucun prétexte, des femmes de Vendières.

« M. Leroy et trois autres habitants de Vendières furent
traduits devant une cour martiale, M. Leroy n'avait pas
bougé de son école ; il n'avait eu aucune relation avec les
francs-tireurs, et il était resté aux soins de ses élèves et de
sa femme, malade d'une couche récente. Les juges, si l'on
peut leur donner ce nom, n'écoutèrent rien ; le malheureux
était condamné d'avance.

« L'évêque de Châlons fit d'inutiles efforts pour sauver
l'innocente victime. Comprenant à qui il avait à faire,
M. Leroy était résigné au sort qui le menaçait, et il dit à la
femme du maire de Vendières, une des personnes emme-
nées en otage : « Madame Biétry, dites à votre mari de
préparer mon extrait mortuaire. »

« Le 22 janvier, on mena à la mort M. Leroy et les trois
autres condamnés. « Venez, cria-t-il aux assistants, venez
habitants de Châlons, voir fusiller un innocent. » Les quatre

malheureux furent abattus par quatre décharges de cinq minutes en cinq minutes; M. Leroy fut immolé le dernier.

« Il avait vingt-cinq ans et laissait une jeune femme et deux petits enfants. Il était, comme MM. Debordeaux et Poulette, aimé et estimé de tous, et quoiqu'il n'ait pas eu l'occasion de combattre, son patriotisme n'était douteux pour personne.

« Uni par cette mort sanglante à ses deux courageux collègues, il ne doit pas être séparé d'eux dans les honneurs funèbres à leur mémoire.

« La commission de l'instruction publique propose au Conseil général de voter un crédit de deux cents francs, afin d'ériger dans la cour de l'école normale de Laon, une table de marbre avec l'inscription suivante :

### A LA MÉMOIRE

DE

**DEBORDEAUX**, JULES-DENIS, INSTITUTEUR

A PASLY.

DE

**POULETTE**, LOUIS - THÉOPHILE, INSTITUTEUR

A VAUXREZIS.

*Fusillés par les Prussiens, pour avoir défendu leur Pays, les 10 et 11 Octobre 1870.*

ET DE

**LEROY**, JULES-ATHANASE, INSTITUTEUR

A VENDIÈRES.

*Victime d'une inique condamnation de la part de l'Ennemi, le 22 Janvier 1871.*

—

Le Conseil général de l'Aisne a érigé ce Monument.

« Ce monument destiné à rester perpétuellement sous les yeux des jeunes générations d'instituteurs qui se succèderont dans notre école départementale, leur apprendra à honorer le souvenir de leurs devanciers, morts pour la patrie et à enseigner aux enfants de notre peuple l'horreur des actes barbares et iniques qui rendent plus affreux les maux de la guerre.

« La commission de l'instruction publique a pensé qu'il y aurait lieu de donner un témoignage d'intérêt et de sympathie aux familles de MM. Poulette et Leroy (M. Debordeaux n'était pas marié), et propose au Conseil général d'inviter M. l'inspecteur d'Académie à vouloir bien recueillir des renseignements sur la situation des veuves et des enfants.

« *Signé :* HENRI MARTIN. »

« Le Président de la Commission, »

---

*Quelques mots à M. le Rédacteur en chef du Moniteur officiel prussien, paraissant à Reims.*

Dans le numéro 15 de votre journal (31 décembre 1870) vous répondez à un article de l'un de vos adversaires français, et vous dites : « M Chaudordy prétend encore que « des familles après avoir satisfait aux réquisitions les plus « exorbitantes ont dû livrer leur argenterie et leurs joyaux; « que des soldats allemands avaient volé des vêtements de « femmes, des montres, des pendules, etc.. Nous ne dirons « rien de la composition des armées dans lesquelles se trou- « vent les états de la société les plus élevés, ni de la sévé- « rité de la discipline à ce sujet ; mais nous nous conten- « terons d'attirer l'attention sur l'ineptie d'accusations de ce « genre. — Comment les soldats déjà presque surchargés « de leurs armes, gibernes, sacs remplis de tout ce dont un « homme a besoin en campagne, emporteraient-ils des vête- « ments, et pourquoi faire?... des pendules (!!!)... et où « les mettraient-ils?... »

Afin de ne pas vous laisser dans l'erreur, et de vous arracher une conviction que vous exposez avec tant d'emphase et de points d'exclamation, je tiens à vous expliquer comment les soldats prussiens... (que vous avez certainement mission de faire passer quand même et toujours pour des héros généreux, probes et pleins d'humanité) ont pu transporter les objets que vous mentionnez.

Pour cela, ils ont procédé de la manière suivante :

Le jour du départ, dès le matin, les hommes qui n'avaient pas encore fait leur choix s'acquittaient de ce soin avec un merveilleux ensemble ; puis, quand chacun était satisfait, on réquisitionnait des charrettes, qu'on chargeait *artistement*.
— Sur les unes, on entassait des sacs de grain, des moutons, des pièces de vin, etc., etc,... dont la provenance est facile à deviner ; vous savez comme moi que la menace (bien souvent suivie, plus souvent même précédée d'exécution)... était le moyen généralement employé par vos soldats pour obtenir ce qu'ils voulaient.

Sur d'autres charrettes, on plaçait les bagages des officiers et *les sacs des soldats* ; il est important que vous vous souveniez bien de ce détail, dont nos malheureux chevaux pourraient vous garantir la vérité. — Enfin, sur le reste des charrettes, on entassait les objets soustraits... *volés même*.... puisque le mot vous plaît ; du reste, on ne peut l'appliquer à propos.

J'ai vu, monsieur, et beaucoup de mes collègues ont vu comme moi, enlever d'énormes paquets de linge, des vêtements d'hommes et de femmes, des ustensiles de ménage, de l'argenterie, des pendules... oui monsieur des pendules (!!!)... beaucoup de pendules, que vos compatriotes savaient fort bien faire marcher... vers la frontière, après les avoir soigneusement emballées — malgré tout l'étonnement qu'elle peut vous causer, et le nombre infini de points d'exclamation qu'elle va nous attirer, hélas ! je n'ai pu résister au désir de vous la faire, cette cruelle révélation. — Pardonnez-moi — mais enfin, puisque vous voilà bien convaincu n'est-ce pas, M. le rédacteur, que les soldats prussiens ont *volé* un nombre considérable de *pendules*, je puis passer à d'autres détails, également pleins d'intérêt.

Pendant la marche, des juifs suivaient la colonne, dans de grandes voitures, et au moment des haltes, ces négociants ambulants achetaient ce qui leur convenait. — Quand on se trouvait près d'un chemin de fer, on adressait chez soi, tout ce qui pouvait être utile à la famille de l'expéditeur — On usait en outre, d'un admirable moyen et qui aplanissait merveilleusement toutes les difficultés... quand ils le jugeaient nécessaire, ces messieurs congédiaient simplement le charretier, gardaient l'équipage, l'attelage, et réprimaient les plaintes du malheureux conducteur... (ordinairement propriétaire des dits objets, son gagne pain)... à coups de cravache, de baton, de sabre, ou de baïonnette. Ma commune seule, qui ne compte pas trois cents habitants, a perdu ainsi : trois équipages, trois chevaux, autant de harnais, quant aux hommes, deux sont revenus couverts de blessures, un surtout, vieillard de soixante ans, qui depuis n'a plus retrouvé la santé.

Je ne citerai qu'en passant la brutale cruauté avec laquelle vos hommes *civilisés* traitaient de pauvres chevaux... bien inoffensifs ceux-là cependant. J'ai été témoins d'action infâmes et dont je me souviens avec indignation ; j'ai vu des soldats frapper à coups redoublés et piquer de leurs armes des chevaux mourant de faim, oppressés de fatigue qui tentaient d'inutiles efforts pour ébranler le lourd charriot auquel ils étaient attelés depuis quarante ou cinquante heures, sans avoir reçu un grain d'avoine !

Que répondrez-vous à cela M. le rédacteur ?... Croyez-vous que vos points d'exclamation suffiront pour réfuter ces assertions, qui sont l'absolue vérité ?... Croyez-vous que l'ironie puisse effacer de notre mémoire d'aussi révoltants spectacles, des crimes aussi inqualifiables ?... Sont-ce là en un mot les actes des *civilisateurs de l'humanité ?*... Ah ! s'il en est ainsi, si grisés par le succès, vous en êtes arrivés messieurs, à considérer comme noble grande et sublime, ce que d'autres ( moins *civilisés* peut-être ) regardent comme cruel et monstrueux, surtout à notre époque, alors, malgré nos poignantes défaites, malgré toutes nos souffrances, ce n'est pas nous qui sommes à plaindre... convenez-en !

Ecrivez donc, monsieur, mais soyez bien convaincu qu'obligés de vous lire chaque jour, mes collègues et moi, nous n'avons jamais été et ne pouvions être vos dupes. — Exclamez-vous, raillez, si vous vous en sentez le courage et l'envie, mais soyez sûr que votre feuille, qu'on nous contraignait à recevoir, à lire et à payer, grassement, bien entendu, n'a fait qu'entretenir dans nos cœurs une digne et profonde haine.

J'ai appris, il est vrai, que les actes signalés dans le rapport ci-joint, ont été reniés par votre gouvernement qui en a rejeté toute la responsabilité sur le chef du 24-64 de la landwehr, homme trop cruel, dit-il.

Permettez-moi d'ajouter pourtant que ce trop cruel chef était *agréablement* secondé, particulièrement par ce médecin aussi repoussant au physique qu'au moral, et qu'on ne peut regarder ces deux hommes comme des exceptions, si l'on considère les iniquités commises bien loin des communes sur lesquelles s'étendait leur autorité.

Dans tous les pays envahis par vos troupes, à Bazeilles, à Châteaudun, dans les Ardennes, partout enfin où elles sont passées, elles ont laissé les mêmes traces, les mêmes douleurs, partout elles ont infligé le même supplice avec le même parti-pris !... Vous en avez profité, c'est parfait !

Mais au lieu de le reconnaître et d'affirmer hautement que vous avez suivi l'exemple de *celui* qui croit encore que la force prime le droit, vous cherchez des excuses maladroites, vous avez recours à des dénégations qui ne peuvent convaincre personne. — Eh bien, tenez, il est une excuse à laquelle vous n'avez pas même songé, une excuse qui est la seule admissible et que je vais vous dire, moi qui ai vu ces *civilisateurs* de près, qui ai subi entre leurs mains les plus ignobles traitements, moi qu'ils ont insulté, battu, martyrisé, sans raison, sans provocation, comme tant d'autres pauvres maires de campagne : vos soldats, ceux que j'ai vus à l'œuvre, mouraient littéralement de peur, et ils espéraient écarter le danger par l'intimidation ; ils ont mesuré les tourments qu'il fallait nous infliger, pour nous effrayer, à ceux qu'il aurait fallu leur faire endurer pour arriver au même résultat, s'il se fût agi de les soumettre.

Ces hommes qui, au mois d'octobre, six semaines après Sedan, connaissaient l'état désastreux de nos armées, qui savaient (étant parfaitement renseignés) qu'ils ne rencontreraient aucune résistance sérieuse, dans nos campagnes surtout, et qui d'ailleurs marchaient toujours en nombre considérable et s'entouraient des plus minutieuses précautions, s'effrayaient pourtant au moindre bruit, et ont cru que l'incendie, le vol et le pillage étaient le seul moyen de faire venir les populations affolées se prosterner à leurs pieds; voilà peut-être la seule excuse que vous puissiez invoquer, mais pour Dieu ! n'en cherchez pas d'autres, vous feriez fausse route !

Relisez, monsieur, cette phrase dont vous devez regretter aujourd'hui d'être l'auteur .... « Nous ne dirons rien, ni « de la composition des armées dans lesquelles se trouvent « les états de la société les plus élevés, ni de la sévérité de « la discipline à ce sujet, mais nous nous contenterons d'attirer « tirer l'attention sur l'ineptie d'accusations de ce genre. »

Si vous écriviez cela aujourd'hui, on serait sûr de votre manque de sincérité, mais à celui qui se reporte au temps où cela a été écrit, il est permis de croire que l'ivresse du succès vous a induit en erreur, et vous a fait voir sous un faux jour tout l'odieux des actes dont vos *protégés* se sont rendus coupables; je ne voudrais pas abuser de cette erreur, et vous demander ce que sont les états moins élevés de votre société, si ceux qui nous occupent et que vous qualifiez comme vous savez, se conduisent de la façon que j'ai eu si souvent l'occasion de remarquer.

Je n'insisterai pas non plus sur la question de savoir, si vos dénégations ne sont pas mille fois plus ineptes.... (pour

me servir de votre mot).... que nos accusations..... Cette
question me semble d'ailleurs suffisamment résolue.

Quoique bien certain que vous ne pensez plus aujour-
d'hui, comme l'année dernière, je désire vous éclairer complètement, et porter à votre connaissance certains faits isolés, dont je puis garantir la scrupuleuse vérité. — J'espère
que tous mes collègues, m'imiteront, et qu'un jour vous
aurez l'histoire entière des actes commis dans nos pays par
vos compatriotes les mieux élevés et les plus humains.

A V. la troupe prussienne prit possession à l'improviste et
par une opération militaire, d'une usine très-importante; les
officiers du détachement transmirent aussitôt aux propriétaires de l'usine l'ordre de leur général d'évacuer sans délai
la fabrique et ses dépendances, et une population de six cents
personnes environ, hommes, femmes et enfants dut s'en aller
à la grâce de Dieu. L'un des propriétaires exposa aux officiers, la triste position dans laquelle allaient se trouver les
ouvriers et le chagrin que lui causait l'obligation d'aban-
donner une usine, création et fortune de sa famille. :.....

« Pour le consoler, les officiers lui jurèrent que tout se-
« rait respecté. Votre caisse *nous est sacrée*, nous la pre-
« nons sous notre *responsabilité personnelle*... » Quand...
au bout de huit jours l'usine fut évacuée par les prussiens
et rendue à ses habitants, on trouva la caisse brisée et vide,
tout avait disparu, les valeurs aussi bien que les médailles,
les diplômes, les brevets etc... Les pauvres mobiliers des
ouvriers et employés n'avaient pas été plus respectés.

Dans l'habitation voisine, propriété d'un jeune et déli-
cieux ménage, un officier supérieur vint s'installer... tout
y fut bousculé, bu, consommé, c'était la règle !... dans le
salon se trouvait un magnifique piano, tout neuf, on enlève
le mécanisme dont on brise tous les marteaux, puis on le
remet en place ! Est-il possible d'être plus spirituel, et de
prouver à un plus haut degré son profond amour musical ?...
— Dans le cabinet de toilette de la même habitation, un ri-
che jupon a été oublié... à quel usage le fait-on servir ?...
Devinez ?... On l'emplit de quelque chose de monstrueux,
puis on roule le tout qu'on abandonne dans un coin. Que
pensez-vous monsieur de cette délicieuse malice ?... Ne trou-
vez-vous pas que de ce jupon se dégage un parfum de véritable *civilisation?* Oui, n'est-ce pas ?

Chez de braves fermiers, les soldats furent très-bien
reçus, on leur donna de la soupe, du pain, de la viande,
autant de vin qu'ils en purent boire.... Naturellement, et
en gens *civilisés*, ces messieurs voulurent remercier les hôtes
hospitaliers... que fait chaque soldat ?... Il emplit son as-

siette !!! mais j'ai pitié de votre nez, et je m'arrête, laissant
à d'autres le soin d'achever votre conversion si elle n'est
pas déjà complète je m'attends à voir d'ici peu, bien des
points d'exclamation sortir de votre plume ; mais alors vous
ne pourrez plus leur donner que la signification que nous y
attacherions nous-mêmes, et vous serez d'accord avec nous
pour déclarer ; que , l'histoire doit flétrir les actes épouvantables, commis au dernier tiers du 19e siècle et au cœur de
l'Europe, surtout après des succès aussi incroyables qu'ines-
pérés ; au comble d'un bonheur enfin, qui devait au moins
rendre ces *soi-disant civilisateurs* plus dignes et plus humains !

JULIEN DESCHAMPS.

*P. S.* Ce qui précède ayant été inséré dans le *Progrès* de
Soissons et la publication de cette brochure ayant été annon-
cée, je reçois les notes d'un grand nombre de faits isolés,
qu'il ne m'est pas possible de relater ici, malgré les prières
qui me sont adressées ; d'abord, parce que la plupart de ces
faits se sont passés dans d'autres départements que le mien,
ensuite, parce que ma modeste brochure prendrait tout à
coup les proportions gigantesques de l'almanach Bottin.

Pourtant, deux de ces récits ont un caractère tel, et sont
si instructifs, qu'au moment de mettre sous presse, je ne
résiste pas au désir de vous les raconter brièvement, Monsieur.

Dans une commune... (qu'il ne me plaît pas de vous
désigner aujourd'hui, mais que l'histoire vous fera certainement connaître un jour)... des Français... mobiles et
francs-tireurs, avaient poussé *l'audace* et la *lâcheté*, jusqu'à
résister vigoureusement aux armées envahissantes !...

Après le combat, le maire de la commune en question,
homme distingué, considéré, aimé, et absolument étranger
à ce qui venait de se passer, est non-seulement arrêté, en
vertu des inqualifiables théories que vous glorifiez, mais on
le déchausse, on lui enlève sa coiffure, on lui lie les mains !
...A la vue de ces actes iniques, la noble épouse de cet autre
martyr, folle de douleur, vient se jeter aux pieds des soldats
prussiens qui la frappent, l'insultent et la chassent impitoyablement !... Puis l'infortuné maire... qui n'est encore
qu'un simple prévenu... (notez bien ceci, qui caractérise le

crime)... est entraîné dans la direction du chef-lieu, que seize kilomètres séparent du point où l'on se trouve.

Vous le voyez bien, n'est-ce pas, Monsieur, ce malheureux homme avec ses bras liés, sa tête découverte et ses pieds nus, dans la neige qui couvrait le sol ce même jour 7 décembre 1870?... jouissant en un mot de tous les égards dus à la simple prévention!

Arrivés à la moitié du parcours... *les vôtres*... trouvent bon de s'arrêter dans un cabaret. Là, l'honorable maire est est reconnu par le propriétaire de l'établissement, qui, ne consultant que son cœur, se met en devoir de procurer des chaussures au malheureux prisonnier... ce qui était, paraît-il, une grave imprudence... car, en revenant, la femme charitable fut à son tour battue et odieusement chassée!... Bref, vos amis se réchauffent, boivent payent... comme vous savez... et font franchir huit autres kilomètres à ce *prévenu* qui, après quinze jours de séquestration, est enfin reconnu innocent et renvoyé chez lui où, par miracle, il échappe aux douleurs d'une effroyable maladie provoquée par des tortures injustement et inhumainement appliquées!

Voici maintenant le second fait, qui consiste en une *singulière plaisanterie*, certes sans précédent, et dont l'éclosion était réservée à notre pauvre département.

Le maire de Chivres, M. Fossé, administrait avec sa commune, le petit bourg de Mâchecourt. — Lorsqu'on procéda, comme partout, à la saisie des armes, le pauvre maire oublia, ou négligea de signaler ces quelques habitations dans lesquelles se trouvaient cinq ou six fusils. — Tout à coup, l'autorité prussienne a connaissance de cette criminelle omission!... Immédiatement, l'infortuné fonctionnaire municipal est, comme de juste arrêté; on le traîne au dit Mâchecourt, on se fait remettre les armes (sans la moindre difficulté, bien entendu)... puis après, et dans ce langage qui résonne si *délicieusement* encore à nos oreilles, on crie au vieillard (car ce maire était un vieillard) : *Furt! Furt!!...* ce qui doit être le synonyme de F...iche moi l'camp!... n'est-ce pas, Monsieur?... Comme de juste, le digne homme n'attend pas une troisième invitation, et de son pas le plus agile reprend le chemin de son habitation... Mais à peine a-t-il franchi trente ou quarante mètres, qu'il tombe foudroyé!... Vingt balles traîtreusement envoyées... par des *civilisateurs*... venaient de donner à cet oublieux une suprême et dernière leçon DU SAVOIR-VIVRE!!!

Mais qu'éprouvez-vous donc, Monsieur?... Je viens de vous voir pâlir; et vos lèvres agitées semblent chercher... mais en vain... un mot assez énergique pour peindre votre

profonde indignation?... Ne cherchez pas, ce mot est encore
à trouver... Mais, remettez-vous. — Nous aussi, nous avons
foi et croyons en la justice divine! — Nous saurons retrou-
ver la patience, le courage et la force en allant déposer des
couronnes au pied du monument qu'on élève aujourd'hui à
la mémoire de cette noble victime!

Nous conjurerons en outre les instituteurs qu'on a bien
voulu nous... *conserver*, de conduire (au moins une fois
chaque année) tous leurs élèves à Vendières, à Pasly, à
Vauxbuin, partout, enfin, où leurs malheureux collègues
ont été fusillés, et où ils trouveront une pierre pour se souvenir et une croix pour prier!...

Nous leur signalerons encore la commune de Saint-
Christophe-à-Berry, pays natal du pauvre M. Poulette,
l'instituteur. — Là, ils entreront dans la mairie, ils ouvri-
ront le registre, et à la date du 12 novembre 1871, ils liront
la patriotique délibération du Conseil municipal, lequel, à
l'unanimité, décide qu'il est de toute équité d'honorer la
mémoire de l'intéressante victime, et ouvre une souscription
communale pour l'érection d'un monument qui rappellera
aux générations futures que, le 10 octobre 1870, un des
leurs, un honnête homme, sans enquête, sans jugement
préalable, est tombé frappé par les balles d'un ENNEMI
IMPLACABLE! Pensée noble et patriotique, à laquelle nous
nous associons par ce simple vœu :

AMEN!!!

FIN.

SOISSONS. — IMPRIMERIE ED. LALLART.